물굽이는 아름답다

물굽이는 아름답다

조성심 시집

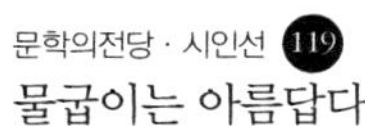

문학의전당 · 시인선 119
물굽이는 아름답다

초판인쇄 2011년 9월 23일
초판발행 2011년 9월 30일

지 은 이 조성심
펴 낸 이 김충규
펴 낸 곳 문학의전당
출판등록 제387-2003-00048호(2003년 9월 8일)

주 소 420-752 경기 부천시 원미구 상동 392 한아름마을 1511-1603
사 무 실 121-718 서울시 마포구 공덕2동 404번지 풍림VIP빌딩 413호

전화번호 02-852-1977
팩시밀리 02-852-1978
전자우편 mhjd2003@naver.com
블 로 그 http://blog.naver.com/mhjd2003

I S B N 978-89-97176-03-8 03810

自序

칠 년을 벼르다
묵은 숙제를 했다
검사는 그대의 몫이다.

어깨가 가볍다 싶더니
또 고개를 내미는 숙제들
삶이 한 순간인들 만만하던가?

쉽지 않게 살아온 삶도 지나고 나면
잔잔한 물굽이로 다가오기에
멀리 갈 수 있겠다.
그대와 함께,

| 차례 |

1부

2부

3부

4부

1부

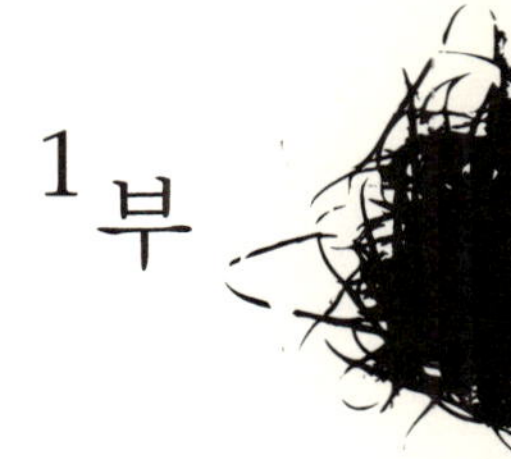

마중

봄비는 찾아다니며 맞아야 해
봄기운 지나는 곳마다
피돌기가 빨라지는 봄날

밤새 내린 비로
잿빛 나뭇가지가 색깔을 바꾸고
한파주의보에 시달렸던
가로수도 한껏 여유를 부리는 걸

봄비를 마중하면
만나게 될 것 같아
묵은 편지다발 속
잉크로 꾹꾹 눌러 쓴
빛 바랜 글자들이
문자 메시지로 들어올지도 몰라

흐릿해진 기억 속에 있는
그니들
봄비 통신으로 이어질 것 같아

나무들 빗속을 걷다

고개를 숙이고
어깨를 내리고
걷는다

평생을 걸어도
제자리건만
비 오는 날이면
걷는다 나무들은

깊이 내린 뿌리
쑥 뽑아 이고
걷는다 어제처럼
다시 주저앉을지라도
비 오는 날이면
모반을 꿈꾸며
일어서 걷는다 나무들

나무들의 소리가 강물에 실린다
나무들의 냄새가 바다에 닿는다
강물이 뒤채이고

바다가 들끓는 건
진액에서 뭉친
나무들의 사리를
받아내기 위해서다

유월의 숲

유월의 숲은 뜨겁다
초록의 근육질을 무두질하느라
열기가 솟는다
잎새들이 내뿜는 거친 숨결로
유월의 숲에 들면
팽팽한 긴장이 돈다.
어두운 밤의 전설과
뜨거웠던 소문이
푸른 잎맥에
낱낱이 새겨진다.
잎새에 손을 대면
날카로운 예지에 손이 베인다.
그러나
짙푸른 잎새들은
깊숙이 몸을 숨긴 채 핀
이름을 달지 않은 작은 풀꽃들이
하늘을 맞도록
가지를 쳐든다

유월의 숲에 들면

빨라진 맥박에도
발길을 돌릴 수 없는 유혹에
어느덧 숲과 하나가 된다

꿩 울음 산을 넘다

봄날 하루만큼
기다랗게 뽑아내는 꿩의 울음
숲을 흔들며 나온다
풀숲에 제 몸을 숨기곤
울음만으로 산을 넘는다
봄풀의 윤기가
소리를 바꾼다
테너에서 바리톤으로

함부로 연을 맺지 않으리라
해가 이슥하도록
제 울음 빛깔 알아 줄
짝을 고르며
귀를 세운다

풀들도 몸을 흔든다
절로 부러워진다

꽃새

금세 올라온 진달래 꽃봉오리
새의 입속으로 들어간다
꽁지를 한 번 흔들고
눈을 두리번거리다가
또 한 번 쪼아 먹고
하늘로 난다

날렵하다, 겨울을 이겨낸 다리
하늘을 차지한 새들은
저리도 싱싱하다
꽃새의 소리 하늘 가득하다
꽃새의 부리에서
봄이 하늘로 퍼진다

왕대숲에 이는 소리

뜨거운 햇빛이 댓잎을 비켜
대통에 부서진다
굵은 뿌리가
땅 위를 기어 흙 속으로 다시 간다
때를 만난 죽순이
힘을 받는다
대숲에 바람이 일어
왕대통을 휘감는다
키를 키우다가
갈 때가 다 되면
단 한 번 꽃을 피우고
그 자리에서 선 채로 몸을 말린다

여물기가 바쁘게
바구니가 되고
돗자리가 되어
조선팔도를 넘나들며
영역을 지켰던
서늘한 지조가
사람들의 손을 떠났다

키만 더 커버려
주체할 수 없게 되었다

여느 나무보다 피톤치드가 많다고
웃통 벗은 길손까지 쉬어가게 하기에는
왕대는 아직도 결기가 살아
대숲에 바람이 일면
마디마다 맺힌 속울음 들린다
왕대의 빈 몸을 훑어 나온 파문이다

별

하얀 꽃가루로
쏟아질 듯 눈물지며
가슴에 안기다가
눈물 빼며 달아나는
여름밤의 소금 꽃

잣나무숲에 내리는 비

잣나무숲에 비 내리면
은빛 줄기 미끄럼 탄다
어느 한 방울도 비껴가지 않고
잣나무잎과 하나 된다

내리는 곳이 어디이든
근원을 지닌 것은
다시 시작하고
또 이어지고

순간에 끝나버리면서도
한사코 잎을 따라
결을 다듬는 빗줄기
상처 받지 않는
비의 최후가 아름답다.

길을 가다가

석양이 드리운 길을 만났습니다

걸음이 바쁘지 않아도 좋은
한적한 골목길은 선물이었습니다

내가 심지 않은 풀꽃이
함께 따라 왔습니다

그림자가 하나이기에
되돌아 걸어오면서
다시 만나도 좋았습니다

차를 마실 수 있고
맘껏 쉴 수 있다는 작은 글씨는
주머니가 가벼운 사람에게
속주머니가 텅 빈 사람에게
딱 맞는 말이었습니다

걸음이 더 쓸쓸해지면
문을 열고 들어가 보렵니다

그곳은
진녹색 커튼이 드리웠을 것이고
언제든 브람스의 곡으로
시간을 묻어 줄 것 같았습니다.

화장술

창문 앞 느티나무가
푸릇한 색깔을 버리고
아침마다
다른 잎새로 단장을 하네요.
아무리 흉내 내려도
따를 수 없는 화장술
실핏줄 같은 잎맥까지 내비치는 동안으로
날마다 조금씩 색깔을 달리 하네요
종종거리며 이것저것 찍어 바르는 나를
무척 샘나게 하네요
오늘은
아무리 바빠도
갈바람같이 부드러운 화장솔을 살까 봐요
느티나무를 스치는 바람에게
한 수 배울까 봐요

변하는 것은 아름답다

한 무더기 꽃이 떨어졌다
꽃진 자리에 곧이어 새순 돋는다

물길이 변했다
갈대가 다 채워졌다
산모퉁이가 달라졌다
길이 나고
집이 섰다
몇백 년 이어온
대들보도 골다공증을 앓고 있다
덧칠하고
기둥을 받쳐 세워도
온기는 찾기 힘들다

밤을 새며 이야기를 나누던 이들
멀어져 갔다
먼저 내놓은 언약부터 허물어져 갔다
네 마음과 내 생각의 주기가 서로 달라서
흔들렸을 뿐
그게 살아있다는 것이다
생명이 이어지고 있음이다

빈 의자

비바람에 삭아진 의자 위에
나뭇잎 떨어져 내리고
억새꽃 날리다 앉고
새들도 쉬다 가고

의자에 기대면
속내를 알아주고
얘기를 들어주는
투박하고 따뜻한 품

정작 네 눈물과 아픔은
내색하지 않느라고
온몸이 다 삭았구나
회색빛으로 바래었구나

언제 봐도 낯가리지 않고
한 번도 걸리적거리지 않은
편안한 헌 옷
몇 번이나 버리려다 다시 들고 와
여전히 내 몸에 걸친

바래진 옷을 입고
빈 의자에 앉아
쉬운 질문만 찾는다
네 맘속을 돌지 않고
가장 먼저 나오는 그 말
빈 의자로 불러내면
들을 수 있을 것 같다

대 잇기

개펄에 발을 담그며
냄새를 기억한다
오래 머문다는 건
탯줄을 잘라내는 것
깃털을 고르고
몸피를 덜어내야
날갯짓만으로 먼 바다를 건널 수 있어
흐르는 피를 잇기 위해
밤낮을 바꿔 산다

발아래
닿을 수 없는 물 위에서
가없는 항해
건너지 않으면
삶이 끝나는 것
한 겹의 계절이 바뀌면서
다시 돌아오는 때
낯설지 않으려
갈대숲에 몸을 스쳐본다
개펄에 부리를 넣어보며

흔적을 남긴다

하늘 밑에 분양받은 집은 없으나
함부로 몸을 부리지 않으려
가는 다리를 단련한다

상원사탑

하늘 속으로 간
아홉 층을
차근차근 눈으로 밟아가다
푸른 물로 빠지다
유리알보다 더 차가운 눈물
떨어뜨리지 못한다

디스크에 기록되지 않아
자꾸 억지를 부렸다
용서할 것보다
용서 빌 것이 더 많아서
주머니가 무겁다
무섭도록 떨쳐내지 못한
주머니를 털어낸다
내가 지나왔던 길은
왜 그리도 울퉁불퉁하였느냐고 따져본다
길은 길로 만날 것이고
길은 쉽게 바뀌지 않기에
이어지는 길에
반듯한 이정표 찾을까 하여

상원사탑을 돈다
찬 하늘
이마에 부딪는다

길 잃은 고니

기름기 돌던 남도 산야가
한 길 넘게 눈에 덮여
낯설게 다가온다
더 길어진 전봇대
제 그림자를 못 이겨
앞산에 걸친다
산 언덕엔
비석만 우뚝 서서
죽은 자를 수호한다
깃을 접은 고니 한 마리
야윈 다리를 눈 속에 묻는다
가만가만
눈을 판다
언 풀씨라도 살아갈 이유가 된다
발목을 덮는 눈
제 몸보다 더 희다
무리를 떠난 삶은
늘 시험이다
세상을 차지했어도
배고픔보다

두려움보다

날갯짓도

울음소리도

혼자 버텨야 한다

밤낮의 바뀜도 혼자

세어야 한다

흰 눈밭에서는 움직임

그것만이

고니답게 한다

가을 논

바람이 살랑댄다
벼모가지가 만삭의 몸으로 바람을 탄다
밥 익는 냄새가 바람따라 스친다
철 만난 벼메뚜기가
가을 논둑에서 몸을 불린다

FTA 협상 소식은
농부의 한숨소리를 묻어버린다
나라를 위해서는 어떤 댓글도 지워야 한다
농부의 주름이 깊게 패인다
쌀 한 톨도 주웠던 어버이의 대를 알건만
볏가마니를 불구덩이에 넣었던 쓰린 기억
아직도 상처로 남아 있다

이 땅의 어여쁜 사람들의
뼈와 살을 만들고
힘을 키우기 위해
숙명의 대 잇기를 하는
벼모가지 앞에서
농부는 살아갈 수 있는 날을 세어본다

겨울 산등성이

겨울 산등성이에는
제 등에 난 털을
미끈하게 다듬어
말갈기를 휘날리며
푸른 말 울음소리를 내는
고려의 말들이 달린다

성긴 말갈기 사이로
바람이 휘휘 지나가고
때론 살 속까지
후비며 들어오기도 하지만
야윈 등짝 위의
털을 고르며
하늘 밑을 내달린다

산맥과 산맥을 잇고
구릉을 내달리며
겨우내 털을 단련시키기에
겨울 산등성이에는
계절을 잇는 파발의 전갈이
방방곡곡에 전해진다

2부

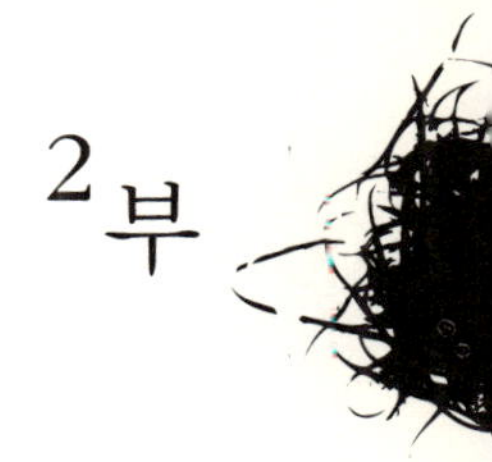

모란, 떨어져 눕다

모든 꽃은 떨어질 때를 알고 가기에 아름답다고 하지만 삼 년을 기다려 꽃 피운 모란이 어젯밤 몰아친 비바람에 꽃잎 떨어져 내리는 것도 제가 떨어질 때를 알고 있음인지요? 여름내내 거친 줄기에 이파리 키우면서 세상의 많은 냄새들 속에서 제가 지녀야 할 향기 받기 위해 숨이 막힐 것 같은 순간에도 가는 체관을 닫지 않았지요 피고 지는 많은 꽃들이 있건만 한 사흘 피면 또 한 해를 오로지 견뎌야 하기에 때를 기다리다 섣불리 고개를 내밀지 않았지요 몸 안에서 이루어진 긴 잉태 끝에 얻은 찬란한 개화, 세상에 나온 순간부터 받는 시샘으로 뭇 초목이 숨죽이고 있어야 함이 겨워서인지요

불어닥친 비바람에 사흘을 못 넘기고 떨어져 내린 모란 꽃잎 앞에서 감정을 못 숨기는 건 꽃이 사람보다 아름다워서, 사람이 꽃보다 연약해서

물굽이는 아름답다

물길 따라 달리다
물 옆에 쭈그려 앉아
물에 손을 담근다
물굽이가 다가온다
몸속까지 스며든다

물굽이 밑에서
작은 삶들이
부대끼며 흔들린다
치열한 그 삶도
물굽이를 만나면
음표를 고른다

숨이 막힐 것 같은
높은 삶의 굽이도
포개어지고 더해지면
어느덧
낮은 물굽이로 다가온다
그 속에
네 이름을 지우고

네 얼굴도 묻으며
함께 흐른다

마음이 가난해진 그대

할 일을 다 한 빈 들
긴 휴식으로 간다
찬바람이 몰아쳐도
골골이 맨살로 맞는다

살아온 뒷자리
오래오래 이야기하며
내 귀를 채운다
들어주기로 했다
혹은 아니어도
더러는 같이 아파도
고개만 끄덕거린다

언덕에 높이 서서
거센 바람을 맞으면서도
흔들리지 않던 그대가
스산한 바람에도
등이 더 길어진다
발걸음이 흔들린다

때론
칼날같이 날카롭게
시간을 베던
그대 자존심이 그립다
마음이 가난해져 가는 그대가 두렵다

미지의 여행

느린 몸짓 때문에
가고자 하던 곳 지척에 두고도
짓밟히고
뭉개진 채
생을 마감하는 넌

살던 곳을 떠나게 되면
결국엔
네 의지를 떠나 흙으로 돌아가게 된다는 걸
유전자 어디에도
전수받지 못했기에
시멘트 블럭 위로 힘겹게 기어가며
기억 속
깜깜하고 부드러운 흙더미를 찾건만
네가 맞는 바깥 세상은
네게서 멀찍이 돌아서거나
널 덮치는 차바퀴

그렇게 넌
미지의 여행을 마감하는구나

혹여

네 이름이 지렁이가 아니었으면

마지막이 그렇게 끝나지 않을 수도 있을까

남녘의 배롱나무

그것은
한일까
연민일까

꽃분홍 웃음 흘리며
꼿꼿하게 핀다
뜨거운 햇살과 맞서면서도
고개 한 번 돌리지 않는다

먼지 내뿜던 신작로가
산굽이까지 아스팔트길로 바뀌고
베잠방이에 망태기 걸친 할아비
길가다가 기대고 때로는 한풀이로 동무가 되던 시절은 가고
그 손자의 손자가
자동차로 휙휙 지나쳐버려도
배롱나무는 얼굴 한 번 구기지 않는다

고향을 떠야 살 수 있어서
등 떠밀려 떠났던 이들이
바람처럼 지나갈 때라도

낯익은 기억으로 만나도록
팔월의 폭염에도
분홍 웃음을 흘린다

낙엽한테 배우다

아직도 무뎌지지 못하여
생채기 날 땐
가지 끝에 매달린 낙엽을 본다

정염으로 몸이 끓던 시절
기억에서 닫고
뚫린 구멍으로
바람이 장난기를 보내도
마지막 순간까지
몸을 말린다

한 줄기 바람 타고
사뿐히 내려앉고 뿔뿔이 흩어지고
서로 섞이어 들며
한철을 닫는다

해마다 이맘때쯤
머리가 맑아지는 건
수업료 한 푼 받지 않고도
삶을 깊게 하는
낙엽이 있어서이다.

장어의 꿈

구불구불한 장어체 글씨로
'장어의 꿈' 간판이 걸렸다
수족관에서 장어들이 느릿느릿 움직인다
벌건 불판에선 건져 올려진 장어의 기름이 탄다
검푸른 물에서 키웠던 꿈이
뒷골목 불판 위에서 몸을 태우며 마무리된다
그물에 걸려질 때
바뀌어 버린 장어의 꿈을
다시 되돌려 주기라도 할 듯
사람들의 목소리가 커진다

잔을 부딪칠 때마다
경로를 이탈한 그들의 꿈도
소주잔에 녹아든다

이루지 못한 꿈들을 비추느라
교회 첨탑의 불빛도 촉수가 닳아져
희미하게 깜박인다
밤이 샐 때까지
장어 몇 마리 더
꿈에서 멀어질 것 같다

하늘문*

살아서도
하늘문을 드나들 수 있다

아흔아홉 구비
아슬아슬 떨며 돌아
구백구십구 계단
꺾어지는 무릎 달래며
눈물과 땀을 함께 닦으며
행여 뒤쳐질세라
옆도 안 보고
헐떡이며 오른다

구름이 넘나들며
손짓하는 듯
이슬비가 감겨들며
달래주는 듯
하늘문에서
넋이 빠진다

살아서 하늘문에 섰건만

하늘문을 넘는 생각 버리겠다고
눈을 질끈 감고
낭떠러지로 이어지는 계단을 붙잡고
하늘문과 멀어진다

한사코 하늘문을 넘지 않겠다고
죽어서 하늘문을 넘어도 늦지 않다고

* 하늘문 : 중국 장가계에 있는 산(天門山)

겨울 거리

발길이 끊어진 길에 나선다
신발이 쩍쩍 붙는다
한사코 붙잡는다
구멍 뚫린 낙엽만 뒹구는
텅 빈 길
모래 바람 날리며 운다

인적 끊긴
겨울 거리를 걷는다
좀처럼 오지 않던 길이
온통 내 차지다
주머니 속에 나의 손만 있다
밀려오는 찬바람과 맞선다
익숙한 걸음
거리를 누빌 만하다
누군가 따라 올 것을 세지 않아도 된다

겨울 거리는
가장 깊은 곳의 울림
그것으로 채운다

그래서 거리에 나선 사람들을
아무나 받아들이지 않는다

은방울꽃

널따란 잎새 밑
가느단 외줄 자락
바람 불면 금세라도
잘그랑 흔들릴 듯
하이얀 꽃종지 속에
오롯이 담겨 있네

풀숲을 헤쳐서
찾아와 머문 발길
반기는 마음이사
하늘을 덮건마는
끝끝내 울리지 못하고
향내로만 다가오네

산수유

혼자서는 그렇다
모여저서
어울려야 아름다운 꽃
그래서
동네가 온통 산수유판이다
밤이 되어도 동네는 환하다
잠들지 못하는 계집애들의 웃음소리가
마을을 달뜨게 한다

가까이 가면
까르르 웃으며 도망칠 것 같은
노랑저고리 입은 기집애
자랄 때까지
붉은 댕기를 맬 때까지
기다려 본다

조운曹雲 생가

꿈이런가 발 딛은 곳 잊혀진 듯 숨은 듯
비스듬 문을 열고 토방에 올라서니
님 그린 석류만 익어 빠개젖힐 꿈을 꾸네

금강에 물이 되리라 벼르고 넘어간 길
한 생을 轉化하여 이곳에 되살아나
육십 년 인적 끊어진 집에 발길 모아 들이네.

* 조운 : 1900년에 영광에서 태어난 시조시인, 1949년 가족과 함께 월북

바람의 애원

작은 문 틈새로 바람 소리 요란하다
열린 틈으로 한사코 들어오겠다고
밤새 창을 흔든다
어떻게 틈을 알았을까
한밤내 보챈다
창문도 흔들리며
나를 저울질한다
나뭇잎 스치는 소리까지
추임새를 넣는다

살아가는 날들은 수시로
틈이 생기고
틈새가 벌어져
아닌 줄 알면서도
발을 담근다
틈새에서 잃은 시간
오로지 혼자 견뎌야 하고
온전히 홀로 감당해야 하는 일
그래도 문을 열어 바람을 들였다
휙 들어와서는
휘파람 소리처럼 어느새 익숙해진다

가을 사랑

무릇 사랑은 다 가을이 아니더냐
겨우내 가슴에서 꿈틀대다가
아지랑이같이 몽싯거리는가 싶더니
꽃샘바람에도 용케 피어 숨막히게 하곤
꽃진 자라마다 연초록 잎으로 눈부시다가
더위에 지칠 만하면
서늘한 그늘 밑으로 끌어들였는데

소나기에
장마에
멍들고 상처받는 날들 지내면서
더러는 미워하며
더러는 원망하다

그 어느날 찬바람 따라
홀연히 사그라진 땀냄새같이
천 년을 갈 것 같은 사랑도
눈물 한 방울 쏙 빼놓은 채
숭숭 구멍 뚫리고
떨어져 나뒹굴다

흔적없이 사라지고 나서야
한 줄기 그리움 담은 씨앗으로
흙 속으로 섞여 들며
깊게 자리 잡는 묵은 사랑

창 너머 빈 자리

아침 산책길에
열리지 않은 카페 창문으로
주인인 양 즐겨 앉았던
의자를 보았네

아무도 앉아 있지 않은 그 자리에
세월을 되돌려 나를 앉혀 보네
보다 단정한 모습으로
정절을 지킨 여인마냥
받아줄 것 같네

책 한 권만 있어도 시간이 부드러웠고
검은 커피 한 잔만으로도 속이 든든했던
그 시간들이 낯설게 다가오네

눈으로만 앉아
세월을 되돌리네
이따금 기억들은 참 고맙네

앞 다투어 피는 건 꽃이 아니다

봄꽃만 꽃이던가
서둘러 피지 않은 건
제가 피어야 할 때를 알고
져야 할 때를 알고 있음이니
앞 다투어 피는
풋사랑의 열기
섣부른 사랑으로
시간을 조각내고
서두른 나들이로
길을 잃은 채
하루를 보내고

풀꽃은 풀꽃대로
밤꽃은 밤꽃대로
제 빛깔의 이름을 찾는 때를 기다림은
세상에 머물 수 있는 시간을 알기 때문

3부

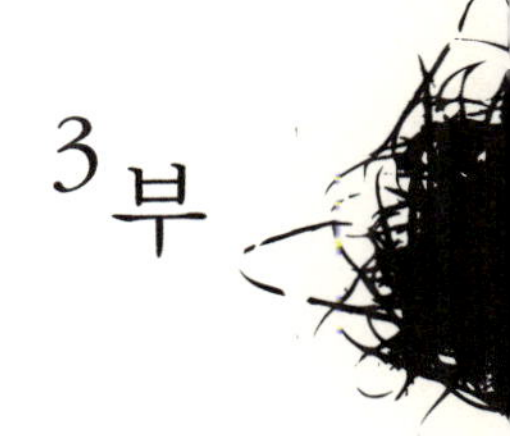

꽃들은 알고 있다

한 사내
깡마른 몸에 얇은 옷만 걸친 한 사내가
공원 잔디밭에
가슴을 들썩이며
늦은 아침잠에 빠져 있다

주린 배를 달랠 먹거리는 해결했는지
오가는 사람 속에서
지나간 자기 청춘을 잘 보았는지
햇살이 따가워지는데도
그의 아침잠은 행복하다

아무도 그를 건드리지 못한다
아무도 그에게 가까이 다가가지 않는다
그러나 여름 풀밭은 알고 있다
새벽녘이면 잠자리를 찾는 그를
찬이슬도 마다않는 그를
어릴 적에나 누워보았을
잠자리를 만들어
한 사내
삶을 이어주고 있다

오월의 성찬

한껏 뽐내도 샘내지 말자
오월에는
풀과 나무에게 온갖 찬사를 쏟아도 부족하다

마른 겨울
흙먼지 뒤집어 쓴 채
쉼 없이 불어오는 바람에
잔가지 꺾이고
옹이로 굳어지면서
마지막까지 버텨
이어낸 생명선
눈물겹게 찬란하다

혹여 생채기 남아 있어도
오월의 숲에 가면
새살이 돋는다

오월의 숲에 들면
마디 굵은 손끝에서 빚어진
새 맛이 있어

빈손으로 가도
푸르름으로 넉넉하다

거리의 성자

나무에 달렸을 땐
거센 비바람도
뜨거운 여름볕도 다 이겨냈건만
가을바람 건듯 불자
우수수 흩날린다

늙은 청소부
빗자루 들고
잎맥이라도 상할세라
느린 비질로
낙엽의 존엄사를 지켜준다

퍼렇던 기상 모두 버린 이파리들
포대자루에 가득 실려
안식의 긴 잠으로 빠져든다

무슨 이름으로 불렸건
어느 가지에서 햇살을 받았던
함께 모아진 것들은
함께 잠든다

구둣발에 채이지 않게
차바퀴에 짓이겨지지 않도록
등이 굽은 거리의 성자
낙엽의 영면을 돕는다

바람에게 길을 묻다

하루를 다 살고도
하루를 잃어버린 것 같아
앞에 어디에 두었나
뒷주머니에 숨어 있지 않나
가방을 뒤적이듯
내 하루를 들춰 본다
어느새 쪼그라져
주머니 속에 들어있다

하늘이 웃었다는데
누군가 인사를 건넸었다는데
하루 내내
컴퓨터하고만 눈 맞췄다

타닥타닥

대답도

투덕투덕

구겨진 하루가
또다시 흔적 없이 사라질 터
하루를 소비한 기록만 저장된다

좀 더 가벼워질 수 없을까
좀 더 단순해질 수 없을까

가리지 않고
머리칼 하나까지 세워주는
바람에게 길을 묻다

물밑 작업

여름이 저물어 가면
강물은 더 이상 투명해지기를 포기한다
강의 발원지를 떠나면서 띤 하늘 빛
돌에 부딪치고 나뭇가지에 걸리면서
물도 멍이 든다
그러면서 합쳐지고 또 흩어지고
어머니, 그 가없는 삶이다

시간
끝없이 흐르는 속에서 용서하시는 거친 손길
눈물 모아졌다면 강보다 적을까
끝까지 포기하지 않았기에
넉넉하게 흐른다

넓어지고 깊어진 만큼
강물은 제 빛깔을 버린다
속도를 줄이고
물살을 다스리며
또 다른 잉태를 위해 숨고르기를 할 땐
사라져야 할 것들은 남아야 할 것들을 위해

스스로를 녹이며
서서히 가을로 간다

이 땅의 어머니들
세상에 휩쓸리면서도
지켜낸다 새끼들을
그리고 어머니
무릎이 먼저 닳았다

비 오는 날 양수리

거센 물줄기가 굽이쳐 흐르는
양수리 강가
하늘도 산도 강도 모두 뿌옇다
사람의 젖줄이라며
범접을 허락치 않아
고요를 유지하던 강물이
비바람과 함께 뒤채인다
강물이 받은 상처와
강물이 얻은 아픔과
강물이 겪은 슬픔이
누런 물줄기에 섞여
부딪치고
휘돌아친다

한때
영원할 것 같았던 뜻도
함께 섞인다
누런 양수리 강물에는
모든 걸 버려도 흔적이 없어
오래도록 마주 보며

네 마음이 헹궈질 때까지
서 있다 말을 아낀다

소용돌이친 강물이
스스로 가라앉히며
하늘과 산을 받아들인다

네게는 더 시간이 걸릴 것 같다

바위의 무게

모자 눌러 쓴 채
혼자인 그를 위해
새소리 부르고
그늘을 만들고

그가 올 기별 보이면
솔바람 모아
정갈하게 씻어놓고

세상에서
가져온 그의 무게
다 내려놓도록
너른 자리 아끼지 않아

그가 내려놓은
거친 짐
받아 안으면서
더 무거워지는 바위

저문 강

물살이 순해지는 저문 강가에서
사람아
그곳에 잠시 멈춰 보면
해오라기 서너 마리
앞서거니 뒤서거니
강물을 찰방이며
해질녘까지 함께할 수 있어
어둔 밤도 지낼 수 있는 게지

삶의 결이 순해지는 이즈음에서
사람아
네가 지나온 많은 세월을 돌이켜 보면
아직도 네 맘에 남아
입가에 미소를 머금게 하는
마음 따뜻해지는 이
삶이 저물어가더라도
그들이 있어
세상은 아름다운 게지

산천어 장제

겨울잠을 안 잔 탓이다

얼음장 밑으로 내린 미끼
얼음장이 덮어 준 아늑함 위에는
죽음의 장막이 기다리고 있음을
가르쳐 주지 않은 어미 탓이다

거부할 수 없이 드리워진 미끼를 탐한 죄는 순간이었지만
얼음장 위로 내던져진 몸뚱어리는
생과 사를 가르는 시간을 버둥거린다

추울수록 손맛 난다며
떠들어대는 인간의 웃음소리
요란한 손뼉소리
산천어를 보내는 장제이다

오만과 절망

당연하다고 생각했던 것들은 한낱 오만이었음을
그것이 소리 없이 무너지던 날
주워 담을 수도 없이 사라지던 날
그때야
늙은 나무 찾았네
제 옆구리에 새가 구멍을 뚫어도
몸피 그대로 내 주면서도
몸을 굽히지 않는
그 늙은 나무가 참 부러웠네

그 나무처럼
가슴에 구멍 나도
하늘을 보며 설 수 있어야 하는데
자꾸 가슴을 움켜 쥐는 것부터
아직 한참 멀었네

오만으로 가득 찬 나뭇잎 다 떨구고
절망도 뚝뚝 떨치고
늙은 나무 수행하는 곳으로
한 번 더 가보고 싶네

변산바람꽃

서해 바다 건너온
까실한 바람

산자락 깊숙이
스미어들어
마른 가지 다독이며
잎을 트이고
어린 뿌리 간질이며
싹을 틔우고
눈에 묻힌 꽃봉오리
꽃잎 열도록
굳은 눈
살금살금 열어 제치고

변산 바람으로
꽃잎 연 바람꽃
가슴 벅찬 하늘을
차마 못 견뎌
아슴히 꽃잎 열어 맞아들다가

바람 닮아

그리 오래 머물지 않네

그 또한 바람 되어 산허리 넘네

도시의 눈물

아프리카의 눈물
북극의 눈물
사막의 눈물

먼 나라의 눈물만 슬픈 게 아니다
우리 옆의 눈물도 아프다

부모가 새벽까지 일하기에
아침 대신 쥐여준
천 원 지폐로
문방구에서 컵라면으로 때우는 아침

새엄마가 생겼다고 좋아했건만
얼마 안 살다
집을 나가버려
학교도 빠지고
아버지와 함께 새엄마를 찾으러 다니는 아이의 일상

집보다는 학교가
학교보다는 PC방이 더 좋다는 아이의 거처

화려함에 가리고
번잡함에 묻힌
도시의 눈물은
아이의 가슴에 숨어들어
안으로 상처를 키운다

부자 나라 아이들

부자예요
남은 주지 않으면서
자신의 배만 늘리는
욕심쟁이 부자
나물이라고
생선이라고
고기가 아니라고
콩이 들어간 밥이라고
그대로 쓰레기통으로 들어가는 음식들
까만 눈 껌벅이며
깡마른 몸으로 일어서지도 못하는
먼 나라 또래들을 생각하자고
아무리 말해도
빈 그릇 남기자고
누누이 타일러도
부자 나라 아이들은
입맛에 안 맞다고
너무 맵다고
맛없고 거칠다고
망설임 없이 버린다

사랑도 함께
쓰레기통으로 간다
그들의 손에는
떡볶이가 들리고
청량음료가 쥐어진다
욕심도 함께 집어 든다

저수지

푸른 물 넘치는 저수지길 따라 걷다
저수지 물
발목을 감싼다
서늘한 물살
심장까지 닿는다

차고 넘쳐도
풀 한 포기
흙 한 줌도
쓸리지 않는 순한 물살

밤낮으로
몸을 풀고
몸집 키우고
몸을 버리는
뭇 생명들 껴안으면서
맑은 물살로
대지를 키우는 밥

깊숙이 빨아올려

안에도 채운다
갈라진 뼈마디
마른 핏줄에 적셔들면
봄풀 돋듯
새순 돋아나려나

거목, 쓰러지다

거센 바람
육백 년 지켜온 거목
비켜가지 않아
굵은 몸통
위엄도 지존도 다 잃은 채
부러진 채 쓰러지다
유언도
당부도
남길 시간 없이
잘린 몸통으로
알린다 어린 나무들에게
삶을 유지하는 건
햇빛과 물만 있으면 되는 게 아닌
바람을 다스릴 줄 알아야 한다고
꿋꿋하게 버틴 채
하늘을 바라는 건
언제고 꺾일 수 있음을
바람에 맞서는 것은
나무로서의 지존이지만
외롭고 서늘한 길이라는 걸

여봐란 듯
거목
벌벌 떠는 어린 나무들에게
죽음으로 가르친다

네가 보낸 여름

난 보았네
네가 보낸 여름과
그 여름의 끝자락에 선 네 모습

첫새벽
연꽃 트는 소리를 듣겠다며
연밭으로 다가가
연잎에 스치는 바람소리라도
가득 받아 들려주던 너

여름밤
무수한 별 중에서
오직 한 별 붙잡아
그 별빛만 있으면
어디든 길을 나설 수 있노라며
낮은 목소리로 길잡이하던 너

뜨건 햇볕 내리쬐는 날에도
쉼없이 달려
백척간두에 서서야

예민해진 촉수 다스려
빛 고운 가실*로 빚어내는
격정의 여름

* 가실 : 맛과 품질이 좋은 과일

꺾인 나무에서도 꽃은 피네

비바람에 꺾인 아름드리에
뿌리는 살아
몸통도 살아

이어진 결을 타고
피가 흘러
숨결이 이어지네
꽃이 피네
슬픈 웃음 번지네

한번 꺾이면
다시는 바로 서지 못하건만
이름이 다 할 때까지
꽃을 피우네

앞뒤로 들리는 날 선 톱날 소리
나뭇가지 꺾이고 던져지는 소리
절망의 끝자락에서도
나뭇가지에 핀 꽃은
작은 웃음으로 흔들리네

빈 논

추수가 끝난 빈 논은 거룩하다

검은 흙덩이에서
연하고 질 좋은 척수만 골라
씨앗의 눈을 틔워
세상에 내 보내고
무논의 잡초와 자리다툼하면서
실뿌리 하나까지 다치지 않고 조히 길러냈다

다산의 가을을 보내고
늘어난 뼈를 맞추면서
해산의 고통을 잊는다
휴경지로 잡초만 키운 논들이 늘어나고
물 건너 온 쌀들이 싸전에 즐비해도
입맛만큼은 우리 쌀이다

가을 들판에 가면
추수 끝낸 빈 논이 누워 있다
산후 조리 중이다

4부

꽃잎, 나비 날다

바람 건듯 불 때마다
하르르 나부낀다
흰나비 흩어진다
갈 곳이라도 있는 것마냥
뒤도 돌아보지 않고
매달렸던 곳을 버린다

꽃잎, 오늘은 떠날 날임을 알고 있었을까
뭉툭한 가지가 내는 아픈 소리
꽃잎, 시간을 늦출 수 없단다
일별의 눈도 주지 않는다

어쩔 수 없는
순간의 나부낌
넘쳐나는 건 시간이 아니다
순간으로 기록되는 일상
그리고
되풀이되지 않는 날이
꽃잎 사라지듯 흘러간다

남해 풋마늘

늙은 촌부의 거친 손길 타고
흙 속에 묻힌 날부터
들이치는 바람
진눈깨비 맞으며
한겨울에 싹을 틔운다
하늘 향해 꼿꼿해지는 건
매운 맛 담기 위함이 아닌
하얀 속살에
오장을 다스리는 기운 받아 내려
작은 허락으로도
쓰린 속 다스리고
허한 기운 돋우려
비탈진 밭자락에서
바람을 탄다
햇살을 잡는다

보리암

떨쳐내도
끝까지 남는
살점 버리고
뼈마디로 남아
삶의 보루가 되는
인연

보리암 불상 귀에
백팔 배로
속삭임으로
이어지는 인연

얽힌 고뇌 다 듣고도
한결같은 미소로
두 손 안에
다시 돌려주어
무릎 꿇으며 올라온 길을
가뿐히 내려가게 하는 인연

플라타너스

나무 값 하리라고 몸집을 키우고
이름값 하느라고 오물을 걸러내도
한겨울 지나고 나면 잘려지는 가지들

그리 억세게 살려하지 않는데도
봄이면 몸뚱이 하나만 세상에 던져져
살리라 오체투지로 하늘과 맞서리라

불나방

어둔 곳에서 받은 삶
무작정 빛을 찾아 날아들다가
통째로 타버리고
혹은 뜨거운 유리에 부딪쳐 바닥에 동댕이쳐지는
마지막 순간까지도
빛을 찾는 숙명
짧은 목숨

작은 몸뚱어리에
대대로 이어져 온 건
새날이 밝기 전에
삶을 다 마쳐야 하는
처절한 시간

빛을 쫓다가
최후를 맞을지라도
멈추지 않는 날갯짓으로 찾아든 곳은
그의 삶이고
그의 죽음
그렇게 가고
또 그렇게 태어나고

종이호랑이

이야기책에서나 읽을 수 있고
전설의 고향에서나 볼 수 있는
상상으로만 존재하는 호랑이를
과천동물원에서는 가까이 볼 수 있다

아주 잘 생긴 호상이다
윤기 나는 털
통통한 살집

길들여진 지 오래이련만
아직도 제 성깔 죽이지 못해
우리 안을 연신 돌아다니다
나무껍질을 이빨로 후벼 파고
그도 안 되면 땅을 파헤치지만
포효 한 번 지르고 못하고
종이호랑이인 채로 입만 쩍 벌린다

호랑이에게 갖은 대우를 해 주는 건
호격을 무시하는 것

드넓은 초원에
과천동물원의 호랑이를 방사하면
호랑이는 맘껏 으르렁거릴 것이고
눈빛은 더욱 형형해지리라
멸종위기라는 걱정도 덜 수 있을 것이다

산꿩의 다리

한낮에도
서늘함 끼쳐오는
곰배령 어둑한 숲 속
산꿩의 다리
고고한 소리는 없고
자태만 고고하다
외려 눈에 띄길 바란다
맺힌 한풀이다

두리번거리며
사위를 살피던 귀
흰 꽃잎으로 세워졌다
산을 타던 다리
길게 뻗어
목을 빼며
오는 이
가는 이
눈길 잡는다
날개치고 날 듯
이파리 쩡쩡하다

사람 손이 겁나
피했던 삶이
사람 손길 덕분에
길가에 피었다
어깨 밑이 간질거린다
꿩의 날개
돋으려나
움직이지 못하는 꿩의 다리
곰배령 언덕을 함께 오른다

향적봉 고추잠자리

주인은 누구인가
봉우리에 뿌리내린 들꽃인가
바람 타고 오다 향적봉에 걸쳐 앉는 구름인가
만물의 영장이라는 사람인가
향적봉 봉우리를 빙빙 도는 고추잠자리인가

걸어오기 힘들어서
케이블카로 올랐는데
고추잠자리는 가볍게 올라와서
향적봉을 먼저 차지하고 있었다
사진을 찍고
땀을 닦고
간식을 먹는 사람들 주위를 한사코 맴돈다
더러는 팔뚝에 앉기도 한다

우리 중 한 사람 잠자리 꽁무니를 잡았다
요놈 잘 만났어
잠자리 눈 굴린다
그래? 어쩔건데
참 겁도 없다

바둥거리지도 않는다

비구름이 우리를 떠밀었다
잠자리들은 잎사귀 밑에 깜짝 몸을 숨긴다

끝까지 이겨야 돼
그들이 뭐라 하든
우리 땅은 절대로 뺏기면 안 돼
고추잠자리이지만 이렇게 쉬지 않고 맴돌고 있잖아
한 눈 팔지 말고 어서 가서
잘 지켜 우리 땅

상림숲

햇살에 찬 기운 든다
상림숲 상수리나무와 도토리나무
갈빛을 띤다
죽죽 뻗은 나무들
서로 의지한다

孤雲의 治水가
천 년도 넘게 이어지며
숲에 드는 발길을 순하게 한다
상림을 찾으면
기대기만 해도
천 년의 소리가 들린다

쉬지 않고 달려온 시간
뒤돌아보면
언제나 그만큼의 자리에 서 있다
열심히 일기를 썼어도
일기는 나아지지 않았다
불가능한 거리이기에
함께 키를 맞추지 않았다

상림에 들어
무수히 쌓인 이파리를 밟는다
한 켜의 나이테를 늘리는 게
혼자서는 쉽지 않은 일이라고
바람소리 나뭇잎 빌어 사그락댄다

시력 검사

주걱으로 오른쪽 눈 가리기
칠이요
영이요
위로 터졌어요
왼쪽 시력 1.2
오요
구요
네모요(동그라미인데)
오른쪽 시력 1.0
나이에 비해 굉장히 좋습니다

그런데 오십 년을 넘게 써서인지 눈이 자주 파업을 한다
글자가 겹쳐 보이고 따끔거린다
보아야 할 것이 너무 많은 세상
눈이 반발할 만도 하다
머리에서 가공할 시간도 주지 않고
경천동지할 것들이 눈을 통해 들어오니
시신경은 병목을 앓는다
볼 수 없어도
악보를 썼던 베토벤의 몰입을 흉내 낸다

눈을 감고 자판을 두들긴다
글자가 만들어진다
눈을 고생시키지 않으려고
둔한 손과
게으른 머리를 더 부린다

천적

새 몇 마리
느티나무에서 우짖는다
극성스럽던 매미들 모두 입을 틀어막았다
사위가 조용하다
한밤중에도
무차별적으로 소리를 쏟아내던 무례가
새의 출현으로 평정이 되었다
나무 등걸에 달라붙어
때를 기다리는 매미 궁둥이가 여유롭다

그물처럼 얽힌 먹이 사슬
천적을 이겨내는 생명의 세계
그래서
수천 년이 지나도
매미는 매미이다
땅속에서 칠 년을 살다
단 이레를 매미로 살면서도
할 일을 다 해야 한다는 사명을 지켜내느라
밤낮을 울어댄다

수십 년을 살면서
마땅히 수행해야 할 사명을 져버려도
천적의 위협 따위는 느끼지도 않으니
참 불공평한 게 사람살이이다

그대 더디 오시라

기다릴 때는 소식도 없이
찬바람에 마른 가지를 말리더니
간밤 봄비 내리자
촉촉이 부풀리는 그대
잠자는 씨앗 깨우느라
깊은 곳까지 젖어들면서도
머물지 못하는 그대
바짝 마른 눈길들이
그대를 찾더라도
더디 오시라 그대

어디에 있나요
왜 내게는 소식이 없나요

내쳐 그대에게로 달려가고프나
총총히 지나가버리는 그대의 성정
나 아끼려 하네
그대에게서 한 발짝 떨어져서
그리워만 하려네

산을 타고 넘나들면서
세상을 어루만지느라
내겐 눈길 한 번 줄 여유가 없기에
나 그대를 그리며
마른 봄을 견디려네

도서관

책들이 누워 있다 서 있거나 앉아 있거나 아무도 쳐다보지 않아서 꽂혀 있던 책들이 모두 바닥으로 내려 왔다 이제 도서관지기도 포기했다 탐나는 상품을 내걸고 도서관을 꾸미고 서비스의 질을 높이면서 발길을 끌어도 도서관으로는 좀체 눈길을 주지 않는다 그래도 인류를 구할 양식은 책이라는 진리를 굳게 믿고 있다 밥줄을 잡고 있다

방방곡곡에서 생산지 표시를 단 양서들이 도서관으로 모이지만 양식을 먹어 줄 입은 좀체 오지 않는다

몇 무리가 와서 히히덕거리다 간다 책들이 화가 나서 벌떡 일어나려다 사서의 눈짓을 받고 겨우 조용해진다 또 한 명 책상에 앉더니 양식에는 손도 안 대고 손전화를 꺼냈다 한참의 시간 동안 그것 하나로도 잘 논다 책보다 더 맛깔스런 게 많나 보다

문 닫을 시간이다 책들이 풀 죽는다 위대한 인물들도 모두 입을 다문다

| 해설 |

자연의 비밀을 찾는 섬세한 우주적 통찰

김석환 (시인 · 명지대 문창과 교수)

1. 머리에

이미 두 권의 시집을 낸 바 있는 조성심 시인이 또 한 권의 시집을 내놓는다는 소식에 반갑고 기쁘기만 하다. 일선 교단을 지키느라 바쁜 와중에도 시의 고삐를 놓지 않고 부단히 시심을 갈고 닦아 시의 보석들을 엮어 낸다니 경사가 아닐 수 없다. 조 시인이 건네준 시들을 읽으면서 세계적인 상징주의 시인 보들레르가 "삶이란 상징의 숲을 걸어가는 것"이라고 한 말을 다시 상기하게 된다. 그 말은 인간의 시야에 존재하는 모든 물상들은 보이지 않는 비밀을 내포하고 있다는 의미일 것이다. 그런데 보들레르는 시 「만상조

응」에서 그러한 상징주의적 시관을 형상화하여 보여 주는데 자연은 하나의 사원으로서 흐릿하게 신의 말을 들려준다고 한다. 뿐만 아니라 음과 색과 향기가 서로 어울리며 인간의 감각을 깨우고 이데아의 신비를 암시해 준다는 것이다.

조성심 시인 역시 자연 속에 존재하는 사물들 너머에 숨어 있는 비밀을 포착하려는 그 섬세한 우주적 통찰의 시선을 이 시집에서 일관적으로 유지하고 있다. 조 시인의 시야에 들어오면 꽃 한 송이 낙엽 한 장도 다 우주와 인연을 맺고 있는 의미 있는 존재가 된다. 역으로 보면 조 시인은 자신과 세계에 대한 의식, 즉 삶의 진실이나 정서를 물, 꽃, 초목 등 주로 자연의 이미지로 대신하여 보여 준다. 그런데 좀처럼 얼굴을 드러내지 않는 그 진실을 언어로써 표현해야 하는 게 시인의 업이다. 그리고 시인은 눈에 보이는 것을 그대로 말하거나 기록하는 데서 그치지 않고 보이지 않는 것을 보여 주어야 하기 때문에 일상적 어법을 이탈할 수밖에 없다. 그래서 조 시인은 나름의 독특한 언어적 질서를 구축하며 그것을 형상화하여 보여 주고 있다.

2. 숲 속의 뜨거운 숨결

조 시인이 바라보는 숲에는 늘 뜨거운 숨결과 비밀로 가득 차 있다. 숲에 사는 모든 물상들은 서로 교감을 나누고 생명을 주고받는 중에 스스로 질서를 유지하며 그 비밀을 지켜 간다. 그러면서 조 시인의 예민한 촉수에 조금씩 그 속내를 드러낸다.

유월의 숲은 뜨겁다
초록의 근육질을 무두질하느라
열기가 솟는다
잎새들이 내뿜는 거친 숨결로
유월의 숲에 들면
팽팽한 긴장이 돈다.
어두운 밤의 전설과
뜨거웠던 소문이
푸른 잎맥에
낱낱이 새겨진다.
잎새에 손을 대면
날카로운 예지에 손이 베인다.

—「유월의 숲」 일부

화자는 '유월의 숲'에서 뜨거운 생명력을 감지한다. 근육질이 무두질하는 열기와 거친 잎새들이 내뿜는 숨결은 그것을 대신하며 시인으로 하여금 팽팽한 긴장감을 갖게 한다. 뿐만 아니라 시인은 잎맥에 새겨진 "밤의 전설과 소문"을 듣다가 손을 대고 "날카로운 예지에" 베임으로써 차츰 적극적으로 교감을 나눈다. 그리고 짙푸른 잎새들이 아직 이름마저 달지 않은 풀꽃들이 하늘을 맞도록 가지를 쳐들어 주는 것을 본다. 그렇게 하찮은 생명들마저 서로 배려하며 우주와 소통하고 있는 자연의 신비에 유혹 당한 화자는 발길을 돌리지 못하고 숲과 하나가 된다. 그것은 곧 물심일여物心一如

또는 물아일체物我一體의 경지로서 조 시인이 시를 쓰는 출발점이 될 것이다. 이처럼 숲으로 구체화 된 자연은 조 시인에게 생명력을 제공하고 우주적 순환 질서를 깨닫게 하는 대상이자 시심의 원천이 된다.

다음 시는 위의 시에서 나무가 가지를 쳐들고 풀꽃들이 하늘을 맞도록 해 준 이유를 알게 한다. 하늘은 바로 지상에 뿌리 내리고 사는 만물들에게 생명력을 제공하는 원천이다.

봄비는 찾아다니며 맞아야 해
봄기운 지나는 곳마다
피돌기가 빨라지는 봄날

밤새 내린 비로
잿빛 나뭇가지가 색깔을 바꾸고
한파주의보에 시달렸던
가로수도 한껏 여유를 부리는 걸

–「마중」 일부

봄비는 하늘에 있는 "봄기운"을 지상에 전해주는 매개자이기에 그것이 "지나는 곳마다 피돌기가 빨라진다". 그리하여 겨우내 성장을 멈춘 "잿빛 나뭇가지"에도 연둣빛 잎이 돋고 "가로수도 여유를 부리"며 새봄을 준비한다. 뿐만 아니라 사람들 마음도 움직여 묵은 편지 다발 속에 빛바랜 글자들처럼 흐릿한 기억만으로 남아 있는 정겨웠던 이들이 그리움의 문자를 보내게 한다. 그렇게 하늘과 땅, 사람과 사람을 소통하게 하는 비가 내리는 날이면 나무들이 "깊이 내린 뿌리/쑥 뽑아 이고/걷는" 경이로운 광경을 보게 된다. 그렇게 정지된 채 살아가는 나무들이 이동을 하는 것은 현실에 대하여 "모반을 꿈꾸"고 새로운 세계를 향해 탐색을 시작하려는 화자의 내면을 암시한다. 이처럼 비는 천상과 지상을 잇는 매개자이자 모반과 탐색을 시도하게 하는 힘의 공급자이다.

조 시인은 또한 그러한 비가 잣나무 숲에 내려서 "한 방울도 비껴가지 않고/잣나무 잎과 하나"가 되는 아름다운 순간을 본다. 그것은 "봄기운"을 실어다 주는 비의 근원인 하늘 그리고 잣나무가 뿌리 내리고 사는 땅이 만나는 우주적 사건이기에 시인은 "다시 시작하고 또 이어지"는 그 흐름을 섬세한 시선으로 지켜보는 것이다. 그리고 "한사코 잎을 따라 결을 다듬"어 주면서도 "상처 받지 않는/비의 최후"를 아름답게 여긴다. (「잣나무 숲에 내리는 비」)

이처럼 조 시인은 내리는 비로써 스스로 순환하면서 생명을 키워가는 자연의 질서를 암시하고 있다. 그리고 꽃이 떨어지고 그 자리에 새순이 돋으며 물길이 변한 자리에 갈대가 채워지는, 즉 스스로 변하면서 생명을 이어가는 자연의 아름답고 놀라운 손길을 발견한다.(「변하는 것은 아름답다」) 그것과는 대조적으로 사람들은 자연을 훼손하여 산모퉁이를 깎아 길을 내고 집을 세우지만 백년이 지나면 "대들보도 골다공증을 앓고" 마는 것이다. 그리고 집에 "덧칠하고/기둥을 받쳐 세워" 보수를 해도 온기를 잃고, 정답던 이들이 서로 언약을 허물고 멀어져 가는 한계를 깨닫는다. 그러나 조 시인은 인간의 세계에서 일어나는 그러한 변화 역시 살아서 생명을 이어간다는 증거로 여기며 달관한다. 그럴 수 있는 것은 자연이 변화하듯 자연의 일부인 인간들도 변화하는 존재라 여겼기 때문일 것이다.

> 비바람에 삭아진 의자 위에
> 나뭇잎 떨어져 내리고
> 억새꽃 날리다 앉고
> 새들도 쉬다 가고
>
> 의자에 기대면
> 속내를 알아주고
> 얘기를 들어주는
> 투박하고 따뜻한 품
>
> —「빈 의자」 일부

화자는 "빈 의자"에 떨어져 내리는 나뭇잎, 날리다 앉는 억새꽃, 쉬어가는 새 등을 바라본다. 그 의자는 비록 비바람에 삭아버린 것이지만 따뜻한 품으로 기대어 앉은 화자의 "속내를 알고/얘기를 들어" 준다. 자신의 고통을 감추느라 회색빛이 되어버린 그 의자는 늙은 어머니를 연상시킨다. 또는 늘 "낯가리지 않고" "걸리적거리지 않은/편안한 헌 옷"을 입은, 마음이 가난한 이타적인 어느 이웃일 수도 있다. 그리고 앞의 시들에서 보여 준 자연 또는 그 속에 내재된 순리를 거스르지 않고 사는 어느 너그러운 인간의 상징이라고 보아도 좋으리라.

화자는 그런 의자처럼 남루한 옷을 입고 앉아 "쉬운 질문만 찾는다". 의자는 이미 그 질문에 대한 해답을 자신의 옷으로 일러 주고 있으니 여러 가지 어려운 질문이 필요가 없을 것이다. 이처럼 조 시인은 낡아버린 빈 의자로써 자연을 닮아 늘 모든 것을 포용하는 이상적인 인간의 모습을 보여 주고 있다. 그리고 그것은 곧 자연 속에 내재된 생명의 원리, 즉 천성을 좇아 살아가려는 시인의 의식을 반영하고 있다. 조 시인은 갈수록 화려해지는 이 시대의 혼란은 바로 자연의 질서를 외면한 데서 비롯되었다는 것을 알고 있기 때문이리라. 한편 조 시인은 철이 바뀌면 먼 바다를 건너가는 철새의 생태와 형상을 통하여 자연 속에 내재된 삶의 원리를 보여 주고 있다.

개펄에 발을 담그며
냄새를 기억한다
오래 머문다는 건
탯줄을 잘라내는 것
깃털을 고르고
몸피를 덜어내야
날갯짓만으로 먼 바다를 건널 수 있어
흐르는 피를 잇기 위해
밤낮을 바꿔 산다

—「대 잇기」 일부

철새는 개펄에 발을 담가서 다시 돌아올 곳의 냄새를 기억하고 새 땅을 찾아 바다를 건너갈 준비를 한다. 한 곳에 "오래 머문다는 건/탯줄을 잘라내는 것"만큼 무모하고 죽음을 맞을 수도 있을 만큼 위험하다는 걸 알고 있기 때문이다. 그래서 깊은 바다를 횡단하기 위해 "깃털을 고르고/몸피를 덜어내"는 수고와 고통을 감당하며 "밤낮을 바꿔 산다." 그렇게 스스로 마음을 정갈하게 다듬고 헛된 욕망을 버린다는 것은 곧 스스로 생존하며 혈통을 잇기 위한 일이다. 특히 다시 돌아올 날을 위해 "갈대숲에 몸을 스쳐"보고 "개펄에 부리를 넣어 보며" 자신의 흔적을 남기는 철새들의 지혜가 놀랍기만 하다.

지상의 어느 한 곳에 집착하지 않는 철새는 오히려 하늘이 집이요 지상에 "분양받은 집은 없"다. 그러나 아무 곳에나 "함부로 몸을 부리지 않고" 높은 하늘을 날아 늘 멀리 떠날 수 있도록 스스로 "가는 다리를 단련한다". 지상에 발을 붙이고 살되 구속되지 않고 더 높은 가치에 이르기 위해 늘 비상을 꿈꾸는 철새는 조 시인이 지향하는 삶의 모습인지도 모른다. 그렇게 조 시인은 철새의 생태를 통하여 계절의 순환과 자연의 질서를 거스르지 않는 삶의 원리를 발견하고 그것을 좇아 살려는 내면을 보여 주고 있다.

지상의 물질적 삶으로부터 자유로워져 더 높은 세계를 꿈꾸는 조 시인은 "반듯한 이정표를 찾을까하여 상원사탑을 돈다."(「상원사탑」) 그 탑돌이는 죽음의 바다를 건너는 철새의 비상과 같이 정신의 상승을 도모하는 상징적 행위이다. 그 구도의 노력 끝에 "찬 하늘/이마에 부딪는" 경험을 하는데 이는 주머니에 가득하던 욕망을 버리고 지고의 세계에 이른 희열을 암시한다. 또한 조 시인은 겨울 산등성이에서 등에 난 털을 다듬고 말갈기 휘날리며 달리는 "고려의 말들"이 내는 "푸른 말 울음소리"를 듣는다. 그 말들은 곧 높은 가치의 세계를 대신하는 하늘과 가까운 그곳에 우거진 앙상한 겨울나무들을 비유한 것이다. 매서운 눈바람이 살 속까지 파고들지만 털을 고르며 달리는 말들은 구극의 경지에서 "계절을 잇는 파발의 전갈", 즉 우주적 진리를 온 누리에 전하려는 구도적 자세를 대신한다. (「겨울 산등성이」)

3. 물, 그 자연의 힘

『물굽이는 아름답다』의 시에서는 하늘의 생명력을 지상에 전해주는 비, 그 물의 이미지는 다양하게 변용되며 자연의 질서를 따라 살려는 조 시인의 시 정신을 암시한다. 화자는 "물길을 따라 달리다"가 물에 손을 담그자 물이 몸속까지 스며드는 것을 느낀다. 그것은 단순한 물질적 경험이 아니라 물이 대신하는 자연의 뜻을 온몸으로 배우는 정신적 교감이다. 인간의 작은 삶과 대조되는 거대한 자연의 질서 또는 섭리를 대신하는 "물굽이" 아래서는 치열하고 숨이 막힐 것 같은 삶도 하찮은 것이 된다. 그리하여 "음표를 고르"고 "낮은 물굽이"가 되고 마는데 화자는 이름도 얼굴도 지우고 그 속에 숨은 아름다운 자연의 질서에 순종한다.(「물굽이는 아름답다」) 그 까닭은 흙 속에 살다가 지상으로 나와 "가고자 하던 곳 지척에 두고도/짓밟히고/뭉개진 채/생을 마감하는" 지렁이처럼 인간도 운명적 한계를 지닌 존재임을 알고 있기 때문일 것이다. (「미지의 여행」)

한편 시 「물밑 작업」에서 강물은 어머니의 "가없는 삶"을 대신

보여준다. 발원지를 떠나면서 "하늘 빛"을 띠었으나 여름이 저물어 가면서 "투명하기를 포기한" 강물은 갖가지 고난에 상처를 당한 어머니의 모습이다. "모아지고 흩어지다" 이제 제 색깔을 버리며 넓어지고 깊어진 강물은 어머니의 눈물로 이루어진 것이다. 그 용서와 눈물의 강물은 급히 흐르는 물살을 다스리며 남겨 두고 떠나야 할 새끼들을 위해 "스스로를 녹이며" 죽음의 계절로 간다. 이처럼 조 시인은 어머니의 삶을 천상에서 내려와 강물이 되어 바다로 흘러가 다시 구름이 되어 승천하는 물의 순환에 비유함으로써 시적 효과를 얻고 있다.

그렇게 물이 어머니의 깊은 모성을 대신할 수 있는 것은 스스로 정화하며 흐르면서 주변의 생물들을 키워주는 힘이 있기 때문이다. 즉 "차고 넘쳐도/풀 한 포기/흙 한 줌도 쓸리지 않는/순한 물살" 안에 "뭇 생명을 껴안"는 깊은 힘이 있기 때문이다.(「저수지」). 한편 조 시인은 비 오는 날에 두 갈래 물줄기가 합수되는 양수리 강가에서 "거센 물줄기가 굽이쳐 흐르는" 것을 본다. (「비 오는 날 양수리」) 그리고 사람의 젖줄로서 범접을 허락하지 않고 "고요를 유지"하던 강물이 비바람에 뒤채는 것을 보며 상처와 슬픔을 스스로 치유하고 있는 것으로 여긴다. 또한 끝없이 이는 욕망과 그로 인한 아픈 기억은 버려도 흔적이 없어 물이 거세게 소용돌이치는 것을 바라본다. 그리고 아픈 기억을 스스로 가라앉히기 위한 노력 끝에 강물은 "하늘과 산을 받아들인다." 이처럼 소용돌이치다 순해지는 양수리 강물의 풍경은 곧 그것을 바라보는 시인의 내적 아픔과 그것을 벗어나 정화된 심리적 상태를 암시한다.

다음 시에서 물살이 일었다가 순해지는 강가의 풍경이 인간의 삶을 암시적으로 보여 준다.

물살이 순해지는 저문 강가에서
사람아
그곳에 잠시 멈춰 서 보면
해오라기 서너 마리
앞서거니 뒤서거니
강물을 찰방이며
해질녘까지 함께할 수 있어
어둔 밤도 지낼 수 있는 게지

삶의 결이 순해지는 이즈음에서
사람아
네가 지나온 많은 세월을 돌이켜 보면
아직도 네 맘에 남아
입가에 미소를 머금게 하는
마음 따뜻해지는 이
삶이 저물어 가더라도
그들이 있어
세상은 아름다운 게지

—「저문 강」

이 시에서 1연은 자연을, 2연은 인간 세상을 그리면서 서로 대응된다. 1연에서 "물살이 순해지는" 때는 하루가 "저문", 즉 낮과

밤이 교차되는 경계의 시간이다. 그때는 하루를 돌아보며 정리하고 다시 밝아올 내일을 위해 휴식을 시작하는 출발점이다. 그 순간에 강가에 서 있는 "해오라기 서너 마리"는 종일 "앞서거니 뒤서거니" 다투면서 함께 지내다가 모두 물살처럼 순해진다. 그 저문 강가의 상황은 2연에 진술되는 "삶의 결이 순해지는 이즈음"과 대응되며 비유적 관계를 맺는다. 즉 1연에 묘사된 풍경이 2연의 인간 세상을 암시적으로 보여 준다는 데에 이 시의 미학이 있다. 그렇게 삶에는 늘 강에 물살이 일 듯 서로 다툼이 있으나 그것은 다만 아름다운 "삶의 결"이라는 것을 넌지시 암시하고 있다. 그리고 지나온 세월을 돌이켜보며 그것을 순하게 다스리면 따뜻한 마음으로 미소를 지을 수 있다는 것이다. 그럴 때 세상은 아름다워지고 비록 하루가 저물어 "어둔 밤"이 오더라도 함께 새로운 내일을 기다리며 지낼 수 있으리라.

4. 꽃, 그 신비의 창문

조 시인의 시에는 진달래, 소금 꽃, 모란, 배롱나무, 은방울꽃, 산수유, 변산바람꽃, 꿩의 다리 등 흔히 우리 산야에서 볼 수 있는 많은 꽃들과 초목이 등장한다. 그것들은 자연의 일부로서 그 속에 내재된 신비한 생명력 또는 질서를 보여 주는 창문이 되기도 한다.

시 「꽃새」에서 겨우내 언 땅에 뿌리내리고 삭풍에 시달리던 진달래 가지 끝에서 핀 "진달래 꽃봉오리"를 새가 쪼아 먹어 "입속으로 들어간다." 그리고 새는 "또 한 번 쪼아 먹고 하늘로 날아"감으로써 "꽃새"가 된다. 그리하여 진달래 꽃봉오리는 땅속의 비밀을 새에게 전해주는 매개체요, 새는 그것을 이어받고 노래하여 그 부리에서 봄이 하늘에 가득 퍼지게 하는 매개체이다. 그것들의 수고로 자연은 단절되어 있지 않고 서로 소통하며 스스로 천지를 생명으로 넘치게 한다는 비밀을 넌지시 일러 준다.

그렇게 생명이 넘치는 자연에서 동물과 식물이 서로 남이 아니라 같은 이웃으로서 소리와 빛깔 그리고 몸짓으로 소통하며 하나의 공동체가 된다.

봄날 하루만큼
기다랗게 뽑아내는 꿩의 울음
숲을 흔들며 나온다
풀숲에 제 몸을 숨기곤
울음만으로 산을 넘는다
봄풀의 윤기가
소리를 바꾼다
테너에서 바리톤으로

—「꿩 울음 산을 넘다」

봄을 맞이한 꿩이 풀숲에 숨어 산 너머 어디엔가 있을 짝을 찾느라 긴 울음으로 신호를 보내면 온 숲이 흔들린다. 그러나 짝은 아직 오지 않고 봄풀은 생기가 돌고 그 윤기가 울음소리를 낮게 변조한다. 꿩은 지난 해 연을 맺은 짝을 기다리다 지쳐 "함부로 연을 맺지 않으리라" 다짐하면서도 "제 울음 빛깔 알아 줄" 짝이 올세라

귀를 세우고 하루를 보낸다. 그것을 부러운 눈으로 곁에서 지켜보던 "풀들도 몸을 흔든다." 조 시인은 이처럼 숲 속에서 꿩과 풀들이 서로 여러 가지 신호를 주고받는 중에 생명을 나누고 이어가는 자연의 비밀을 섬세한 필치로 보여 주고 있다.

조 시인은 삼 년을 기다려 피운 모란꽃이 사흘을 못 견디고 비바람에 떨어져 내린 것을 보며 감정을 숨기지 못한다.(「모란, 떨어져 눕다」) 그 까닭은 "꽃이 사람보다 아름다워서, 사람이 꽃보다 여린 탓"이라고 한다. 그렇게 조 시인은 떨어진, 오랜 잉태 끝에 찬란하게 개화를 했다가 순간에 지고 만 모란 꽃잎을 보며 적당한 때를 기다리지 못하는 인간과 그 존재의 유한성을 돌아본다. 한편 시 「앞 다투어 피는 꽃은 꽃이 아니다」에서 꽃은 제가 피고 져야 할 때를 알고 있는데 "제 빛깔의 이름을 찾는 때"를 기다려 피지 않는 꽃은 진정한 꽃이 아니라고 한다. 그러면서 "풋사랑의 열기/설부른 사랑으로/시간을 조각내는" 세태를 탓하고 있다.

또한 조 시인은 "신작로가 아스팔트로 바뀌"게 된 고향 어귀를 지키는 배롱나무를 보며 "한일까/연민일까" 라는 질문으로 과거를 끌어 온다.(「남녘의 배롱나무」) 세상은 바뀌어 동무가 되어 주던 할아비의 "손자의 손자가/자동차로 획획 지나쳐가"고 등 떠밀려 타향으로 떠난 이들이 바람처럼 지나가는 걸 보았기 때문이다. 그러나 변해버린 세상 풍물과 인심과는 대조적으로 "고개 한 번 돌리지 않"고 "분홍 웃음을 흘리"는 배롱나무는 자연 또는 그 질서에 순응하며 살아가는 공간인 고향을 대신한다.

그리고 조 시인은 산에 핀 은방울꽃을 찾아가 그 속에 숨은 비밀을 듣고자 한다. 그러나 그 "하이얀 꽃종지"를 "끝끝내 울리지 못하고/향내로만 다가오"는 걸 감지한다.(「은방울꽃」) 자연은 그렇게 감추어 둔 비밀을 쉽사리 드러내지 않는 건 자연이 갖고 있는 신비이기도 하다. 그리고 온통 "산수유판"인 동네를 찾아갔는데 "계집애들의 웃음소리가/마을을 달뜨게 한다."(「산수유」) 그러나 정작 가까이 가면 "노랑저고리 입은 기집애"는 도망칠 것 같아 자랄 때가지 기다려 본다. 그렇게 수줍은 숫처녀처럼 자신의 속내를 서둘러 보여 주지 않는다며 자연을 해학적으로 바라본다. 조 시인이 "곰배령 어둑한 숲 속"에 핀 "산꿩의 다리"를 찾은 것도 그 자연의 속내를 엿보기 위해서일 것이다.(「산꿩의 다리」) 그 꽃이 길게 목을 빼며 오가는 이의 눈길을 잡고 있으나 "자태만 고고"한 그 꽃은 "고고한 소리", 즉 감추어 둔 비밀의 소리를 다 들려주지 않는다. 자연은 그렇게 그 내부에 숨겨둔 진실을 다 털어놓지 않으면서 어둑한 곳에서 사람의 눈길을 붙잡는다.

변산 바람으로
꽃잎 연 바람꽃
가슴 벅찬 하늘을
차마 못 견뎌
아슴히 꽃잎 열어 맞아들다가

바람 닮아
그리 오래 머물지 않네
그 또한 바람 되어 산허리 넘네

—「변산바람꽃」 일부

서해 바다를 건너온 해풍은 "산자락 깊숙이/스며들어" 겨우내 쌓인 눈을 녹이고 "마른 가지를 다독이며" 잎과 싹을 틔우고 꽃잎을 열어 준다. 바람 덕분에 개화한 "바람꽃"은 "가슴 벅찬 하늘"을 맞아들이지만 바람을 닮아 잠시 피었다 져서 바람에 불려간다. 자연 속에는 그렇게 지상에 있는 만물들이 서로 수평적으로 소통을 하고 하늘과도 수직적으로 소통하면서 생명의 순환이 이루어지고 있다. 바람은 천지를 자유롭게 오가며 생명력을 전해주고 자연의 순환을 이루어 주는 매개체이다.

그러한 바람은 때로 "육백 년 지켜온 거목"도 비켜가지 않고 쓰러뜨리는데 그 거목은 어린 나무에게 "바람을 다스릴 줄 알아야 한다"는 것을 "죽음으로 가르친다."(「거목 쓰러지다」). 그러나 조 시인은 "비바람에 꺾인 아름드리"가 비록 "바로 서지 못하지만/이름을 다할 때까지/꽃을 피우"는 것을 본다.(「꺾인 나무에도 꽃은 피네」) 그리고 뿌리와 몸통에 남아 있는 피와 숨결을 발견하며 자연 속에는 그처럼 질긴 생명력이 숨어 있음을 알린다. 그것을 전해 주고 깨우는 것 역시 바람일 것이다.

한편 「남해 풋마늘」에서 "늙은 촌부의 손길 타고" 흙 속에 묻힌 풋마늘이 바람과 진눈깨비에도 싹을 틔우고 하늘을 향해 자라고 있음을 본다. 그리고 자신을 심어 준 인간의 오장을 풀어주고 허한 기운을 다스려 주기 위해 바람과 햇살을 맞는다. 그렇게 풋마늘 한 포기도 우주적 존재라서 인간의 손길과 흙, 바람, 하늘, 햇살의 수고가 함께 깃들어 있다. 그리고 풋마늘이 자신을 위해 수고한 인간에게 보답을 하기 위해 비탈진 산자락에서 꼿꼿이 자라고 있는 것을 보면 자연은 언제나 인간의 삶과 이어지고 있음을 알게 된다. 그런데 사람들은 도시의 한복판에서 몸집을 키워 오물을 걸러내 주는 플라타너스를 가지를 잘라 몸뚱이 하나만 남겨 둔다.(「플라타너스」) 그러나 플라타너스는 "오체투지로 하늘과 맞서"서 자연을 함부로 대하는 사람들의 이기심을 항변하며 질긴 생명력을 온몸으로 보여 주는 데서 삶의 숭고함을 보여 준다.

조 시인이 그렇게 자연 속에 숨은 비밀들을 향해 탐색의 촉각을 세우는 것은 무슨 까닭일까. 아마도 자연을 단순히 물질적 대상으로만 여기며 문명이 주는 편리함과 화려함을 맹종하는 오늘의 세태에 대한 우려 때문일 것이다. 사람들은 얼음장 밑에서 겨울을 나는 산천어를 잡기 위해 얼음장 밑으로 미끼를 넣는다.(「산천어 장제」) 일급수에서만 사는 산천어가 "생과 사를 가르는 시간을 바둥거리는"데 "추울수록 손맛 난다며/떠들어대는 인간의 웃음소리"와 "손뼉소리"는 자연을 등지고 사는 우리들의 탐욕을 풍자적으로 드러낸다. 더구나 아이들까지 "욕심쟁이 부자"가 되어 입맛에 맞지 않는다고 굶주리는 먼 나라 아이들은 생각하지 않고 음식도 사랑도 쓰레기통에 버린다.(「부자 나라 아이들」) 조 시인은 하늘이 웃고 누군가 인사를 건네지만 "하루 내내 컴퓨터하고만 눈 맞"추고 사는 삭막한 디지털 시대를 치유할 처방을 찾기 위해 바람에게 귀를 기울여 본다.(「바람에게 길을 묻다」) 바람은 서로 교감하고 나누면서 순환하는 자연의 질서를 전하며 그것을 삶의 원리로 삼으라고 일러 줄 것이다.

5. 맺으며

이 시집은 조 시인이 자연 속에 숨은 생명의 질서를 찾기 위해 예리하게 촉수를 세우고 탐색한 결실이다. 조 시인은 꽃 한 송이를 대하면서도 그것이 맺고 있는 하늘과 땅, 그리고 인간의 삶과 다른 사물들과의 관계를 통찰하는 우주적 시선을 갖고 있다. 그리하여 숲을 찾아 소리와 빛깔과 향기로 잠시 보여 주는 자연의 비밀을 포착한다. 그리고 흐르는 물속에 내재된 생명력과 자연의 순환원리를 깨닫고 그것을 삶의 원리로 삼고자 한다. 때로는 주변에서 무심히 피고 지는 꽃이나 초목들에게 다가가 그 신비의 창문 너머에 은폐된 진실을 찾으려 한다. 그러나 그것은 쉽게 전부를 드러내지 않고 늘 시인의 상상을 유혹한다. 조 시인이 그렇게 자연에 가까이 다가가 그 비밀의 문을 열고자 하는 까닭은 자연을 등짐으로써 갈수록 비인간화 되는 시대를 우려하며 치유할 처방을 찾고자 하기 때문일 것이다.

겉은 현란하지만 공소한 언어로 치장한 시들이 넘치는 요즈음 예리한 촉수로 은폐된 빛을 포착하여 보여 주는 조 시인의 시가 독자들의 가슴에 큰 울림을 주리라 믿는다. 그리하여 디지털 시대를 살면서 앞으로만 내닫는 우리들에게 삶의 근원을 찾는 눈과 여유를 갖게 할 것이다. 나아가 땅에 발을 붙이고 살면서도 자주 하늘 문을 넘나들며 바람에 귀를 기울이다 보면 삶의 구비를 물굽이처럼 순하게 맞을 수 있게 할 것이다. 그러면서 함부로 드러내지 않는 자연의 질서를 탐색하여 보여 주는 이 시집이 진정한 유토피아로 가는 이정표를 제시하리라 믿는다.